もくじ

はじめに …………………………………………………………… 4

1章 アルコール依存症ってなに？

マンガ 試すだけと思っていたのに…… ……………………………… 5

身近にある！ 飲酒のきっかけ …………………………………… 8

お酒による心身への影響 …………………………………………… 10

アルコール依存症ってなに？ ……………………………………… 12

アルコールは どんなものにふくまれているの？ ……………… 14

気をつけて！ 危険なお酒の飲みかた …………………………… 16

お酒の上手な断りかた ……………………………………………… 18

考えてみよう！ これって違法？ ………………………………… 20

20歳未満の飲酒に関する法律 …………………………………… 21

自分や家族・友だちが アルコール依存症かもしれないと思ったら …… 22

きみや家族は大丈夫？ アルコール依存症チェックリスト ………… 23

アルコール依存症の治療法 ………………………………………… 24

20歳以上になったら お酒との上手なつきあいかた ………… 26

2章 ニコチン依存症ってなに？

📖マンガ 軽い気持ちで吸いはじめたら依存症に……	28
身近にある! 喫煙のきっかけ	30
たばこによる心身への害	32
ニコチン依存症ってなに？	34
まわりの人も危険! 受動喫煙ってなに？	36
たばこには、どんな種類があるの？	38
考えてみよう! これって違法？	40
20歳未満の喫煙に関する法律	41
自分や家族・友だちが ニコチン依存症かもしれないと思ったら	42
\きみや家族は大丈夫？/ ニコチン依存症チェックリスト	43
ニコチン依存症の治療法	44
相談先一覧	46
さくいん	47

★この本に登場するキャラクターの紹介★

フクミン
みんなに依存症について教えてくれるなぞのフクロウ。ときどきするどい発言をする。

ソウ
中学入学と同時にスマホデビュー。ゲームが趣味。自分は「依存症」とは無縁だと思っている。まじめな性格。

ツムギ
塾でエナジードリンクがはやっているので、試験前や緊張したときに飲んでいる。やさしい性格で心配性。

リン
部活をがんばっていて、最近はダイエットに興味がある。明るい性格でみんなのムードメーカー。

ヨウタ
流行などいろいろなことを知っていて、依存症についても少しだけ知識がある。明るくて元気な性格。

はじめに

みなさんへ

みなさんは「依存症」というと、どんなイメージをもちますか？
いわゆる覚醒剤や大麻といった違法ドラッグによる薬物依存をしている人を想像するのではないでしょうか。

これもまちがいではないですが、ここ最近は身近な薬物に依存して緊急搬送される若者が増えています。身近な薬物とは、アルコールやニコチンはもちろん、コーヒーやお茶、エナジードリンクにふくまれているカフェイン、さらには、ドラッグストアで売られている薬や、病院で処方される薬をさします。これも使いかたをまちがえると、健康を害し、人を依存症にさせる危険性があります。

この背景には、依存症になる子がなにか悩みや困りごとをかかえている場合が多いという現実があります。劣等感や孤立感、プレッシャーやさびしさ、あるいは、家族や友だちとのトラブルに悩みながらも、だれにも助けを求めることができないまま、お酒やたばこなどでつらい気持ちをまぎらわしているのです。そういった子たちを、「特別な人」として見るのではなく、「困っている人」として手をさしのべ、信頼できる大人につなげることが大切です。本書はそういった困っている人にどのように手をさしのべたらよいのか、また自分自身が大きな悩みをかかえている場合、どのようにしたらよいのかを紹介しています。

本書を通してまわりの困っている人への理解と、また自分自身を助ける知識を身につけていただけることを願っています。

先生がたへ

薬物やお酒、たばこに関する教育において、先生がたはこれまで「ダメ。ゼッタイ。」と10代の子どもたちに伝えてきたことが多いだろうと思います。しかし、専門家として断言します。「ダメ。ゼッタイ。」では絶対にダメなのです。アルコール依存症やニコチン依存症などについて、「子どもたちに伝えてはいけない」「とりあげる必要がない」とタブー視するのではなく、依存する原因や依存症の危険性、治療方法などについて知ってもらい、いっしょに考えていくことが大切なのではないでしょうか。

本書はそのような新しい飲酒・喫煙防止教育の方向性を示す内容になっています。子どもたちやその家族、友だちが依存症になって困っているときに寄りそうために、この本を役立てていただけたら幸いです。

国立研究開発法人 国立精神・神経医療研究センター
精神保健研究所 薬物依存研究部 部長
同センター病院 薬物依存症センター センター長

松本 俊彦

1章 アルコール依存症ってなに？

試すだけと思っていたのに……

身近にある！ 飲酒のきっかけ

10代の飲酒のきっかけは、家族や友だちからすすめられるなど、ふだんの生活のなかにたくさんひそんでいます。だれもが経験する可能性があるので、注意しましょう。

CASE 1

▶Aさん
▶中学2年生

カラオケで飲んだら楽しくて……

中間試験が終わり、友だちとカラオケに行ったら、友だちのひとりが、テストが終わったごほうびに缶チューハイを持ってきていました。個室で人目を気にすることもないし、好奇心もあったので、「まあいっか」という気持ちで飲みました。飲むと楽しく歌えていつもより盛り上がったので、それ以来、カラオケではみんなでお酒を飲むようになりました。

CASE 2

▶Bさん
▶高校1年生

アルコール依存症の父から飲むようにいわれて……

父はアルコール依存症で、毎晩つぶれるまで飲んでいます。ぼくが高校へ進学したら、「高校生になったんだから、飲め！」と無理に日本酒をすすめられました。本当は飲みたくなかったけれど、父の機嫌が悪くなるのがイヤだから、飲むしかなくて……。その日から、父にいわれるたびにお酒を飲むようになってしまいました。

CASE 3

▶Cさん
▶大学1年生

大学の新入生歓迎会で一気飲みをさせられて……

大学へ入学したとき、サークルの新入生歓迎会に参加しました。会場は居酒屋で、先輩が当然のようにビールをすすめてきました。「まだ18歳ですから」と断ると、「空気読めよ」といった雰囲気に。しかたなく飲んでいるうちに、順番に一気飲み（→16ページ）がはじまりました。ぼくも無理にやらされて、気持ちが悪くなり吐いてしまいました。その後もしばらく体調不良がつづいて苦しかったです。一気飲みはもう二度としないと決めて、サークルもやめました。

CASE 4

▶Dさん
▶高校2年生

薬といっしょに飲むとイヤなことを忘れられると聞いて……

私は親との関係があまりよくなくて、最近、進路の話をしたらケンカになって、それ以来、イライラする時間が増えました。そんなときに「イヤなことを全部忘れられるよ。危険ドラッグじゃないから安心して」と、友だちに教えてもらったのが、かぜ薬とストロング系チューハイをいっしょに飲むこと。最初は少しこわかったのですが、飲んでみたら気持ちがハイになって、そのときだけは、親のことやイライラも全部忘れることができました。つらい気持ちから解放されるなら、またやりたいです。

薬とお酒をいっしょに飲むのはとても危険だよ。つらい気持ちは、信頼できる人や心の相談窓口に相談してほしいな。

お酒による心身への影響

お酒を飲むと酔うのは、お酒にふくまれる「アルコール」という成分が原因です。アルコールは依存性があることが大きな特徴で、脳やからだ全体に悪い影響をあたえます。

「酔う」ってどういうこと?

お酒を飲むと、血液中にアルコールが入り、その濃度が高くなります。アルコールが血液にのって脳まで達すると、麻酔作用によって脳のはたらきがまひします。この状態が「酔う」ということです。年齢に関係なく、お酒には心身への悪影響があります。

頭が痛くなったり吐いたりするのはなぜ?

アルコールがからだのなかに入ると、肝臓で分解されてアセトアルデヒドという物質に変わり、頭痛や吐き気をひきおこすことがあります。

頭痛

アセトアルデヒドによって頭の血管が広がり、神経がおさえつけられて炎症をおこすと、頭が痛くなる。

吐き気

からだのなかのアセトアルデヒドの量が増えると、肝臓が十分に処理できず、アセトアルデヒドの毒性によって、吐き気がするようになる。

お酒の量と「酔い」の様子

※1:1合は約180mLで、10合=1升です。
※2:シングルは約30mL、ダブルは約60mLです。

お酒の量	「酔い」の様子	血中アルコール濃度(%)	区分
・ビール中びん(～1本) ・日本酒(～1合※1) ・ウイスキー・シングル※2(～2杯)	・さわやかな気分になる ・皮膚が赤くなる ・判断力が少しにぶくなる	0.02～0.04	爽快期
・ビール中びん(1～2本) ・日本酒(1～2合) ・ウイスキー・シングル(3杯)	・少し酔った気分になる ・体温が上がる ・脈が速くなる	0.05～0.10	ほろ酔い期
・ビール中びん(3本) ・日本酒(3合) ・ウイスキー・ダブル※2(3杯)	・気持ちが大きくなる ・大声を上げる ・ふらつく	0.11～0.15	めいてい初期
・ビール中びん(4～6本) ・日本酒(4～6合) ・ウイスキー・ダブル(5杯)	・同じことを何度もいう ・吐き気がしたり嘔吐をしたりする ・千鳥足になる	0.16～0.30	めいてい期
・ビール中びん(7～10本) ・日本酒(7合～1升※1) ・ウイスキー・ボトル(1本)	・言葉が意味不明になる ・意識がはっきりしない ・自力で立てない	0.31～0.40	でいすい期
・ビール中びん(10本超) ・日本酒(1升超) ・ウイスキー・ボトル(1本超)	・ゆり動かしてもおきない ・ゆっくりと深い呼吸になる ・死亡する場合もある	0.41～0.50	こんすい期

*出典:公益社団法人アルコール健康医学協会ホームページ「アルコール血中濃度と酔いの状態」より。

20歳未満でお酒を飲むとどんな影響が出るの？

20歳未満の、からだが急速に成長する時期にお酒を飲むと、脳やからだの発達に悪い影響をあたえ、成長をさまたげることになります。

脳障害

脳が成長している時期にお酒を飲むと、神経細胞が破壊され、脳がおとろえる危険がある。

肝機能障害

20歳未満の人の肝臓は、アルコールを分解するはたらきが弱いため、20歳以上の人よりも、肝臓などの臓器に障害をひきおこす危険性が高い。

長期間、大量に飲みつづけるとどんな影響が出るの？

長期間、お酒をたくさん飲みつづけると、からだのいろいろな部分に悪い影響をあたえ、不調があらわれます。しかし、肝機能障害の場合は、無症状のうちに病気が進行していることがあるため、「体調が悪くないから問題ない」という考えは危険です。

口

お酒を飲みすぎると唾液の量がへり、口のなかで菌が増えて、歯周病になりやすくなる。また、アルコールにふくまれる糖分が、むし歯の原因になる。

肝臓

長期間、たくさんのお酒を飲みつづけると肝臓に負担がかかる。肝硬変という、肝臓がかたくなる病気や、がんになる場合も。

すい臓

長期間のお酒の飲みすぎで、すい臓に負担がかかると、腹痛や食欲の低下、おなかがはるなどの体調不良があらわれる。

※すい臓は胃の後ろ側にあります。

心臓

お酒をたくさん飲み、おつまみにカロリーの高いものや塩分の多いものを食べすぎると、血圧が上がり、心臓がうまくはたらかなくなる可能性がある。

胃や腸などの消化器

お酒の飲みすぎにより、消化器のはたらきが弱くなると、腹痛や吐き気、胸やけなどの体調不良になる場合がある。

生殖器

女性は生理（月経）不順になる場合がある。男性は、男性ホルモンが低下する。

長期間たくさんのお酒を飲みつづけると、アルコール依存症という病気になることもあるんだ。

11

アルコール依存症ってなに？

お酒を大量に飲みつづけると、お酒のことで頭がいっぱいになり、ふつうに生活できなくなることがあります。それは、アルコール依存症になっているからかもしれません。

だれもが依存症になる可能性がある

アルコール依存症とは、お酒を飲みだしたらやめられなくなる病気のことです。朝から数時間おきに飲む、家族にかくれて飲むといった飲みかたをするようになっていきます。「なりやすい」「なりにくい」という個人差はあるものの、アルコールには強い依存性があるため、だれもがなる可能性があります。多くはありませんが、20歳未満でなる人もいます。

お酒が原因で、ふつうの生活がむずかしくなって、「飲むのをやめたい」と思っても、やめられなくなってしまうのがアルコール依存症だよ。

アルコール依存症になるしくみ

① お酒を飲むとアルコールが脳へ届き、脳からドーパミンが出て、快感を得られる。

② お酒を飲みつづけて習慣化すると、ドーパミンの効果がへり、快感を得にくくなる。

③ また快感を得たいという気持ちから、「お酒をもっと飲みたい」と思い、お酒を飲む量が増えていく。

④ アルコールによって、脳のはたらきもまひしているため、自分の意思でコントロールすることがむずかしく、エスカレートしていく。

⑤ お酒がやめられなくなり、依存症になる。

●アルコール依存症への進行過程

正常	初期	中期	後期
時間も量も、状況に合わせてコントロールができる。	コントロールができず、精神的に依存するようになる。	お酒が切れると、発汗や手のふるえ、不安などの離脱症状があらわれる。	勉強や仕事をおこなうことが困難になり、ふつうの生活がまったく送れなくなる。

お酒を飲みつづけると、「お酒がないとものたりない」「もっとお酒を飲みたい」という欲求を感じる「精神依存」の症状があらわれます。その後お酒が切れると、からだに離脱症状などがあらわれる「身体依存」になり、お酒をやめることが難しくなっていきます。

アルコール依存症になりやすくなる要因

家族や親せきなど、身近にお酒を飲む人がいるような環境である場合、また、お酒を飲みはじめる年齢が早かった人、もともとお酒に強い体質の人は、アルコール依存症になりやすい傾向にあります。意志が弱くだらしない性格の人が依存症になりやすいと考える人がいますが、それはまちがいです。

> 悩みごとを自分だけで解決しようとするような、まじめでがまん強い人が、お酒を飲みはじめてやめられなくなる例もあるんだ。

●身近にアルコール依存症の人がいる

アルコール依存症の親をもつ子どもは、そうではない子どもとくらべて、依存症になる確率が4倍高いといわれています。その原因としては、アルコール依存症の親が子どもにお酒をすすめる、子どもがお酒を飲んでいても止めないなどの家庭環境が影響していると考えられます。

●お酒に強くてたくさん飲める

アルコールを分解する能力が高く、お酒に強い人は、そうではない人とくらべて、お酒をたくさん飲むことができるため、依存症になりやすいです。
お酒に弱い人の多くは、アルコール依存症になる前に体調不良などがあらわれ、お酒を飲みつづけることができません。無理に飲みつづけると、食道がんになるリスクが何十倍にも高くなり、危険です。

●飲酒をはじめた年齢

飲酒をはじめた年齢が早いほど、アルコール依存症になるリスクが高くなると考えられています。また、20歳未満の人が習慣的にお酒を飲むようになってから、アルコール依存症になるまでの期間はとても短く、数か月から2年といわれています。

習慣的な飲酒をはじめてからアルコール依存症になるまでの期間

- 20歳未満: 数か月から2年
- 20歳以上の女性: 6年から9年
- 20歳以上の男性: 10年から20年

アルコールは どんなものにふくまれているの？

お酒には、さまざまな種類があります。また、アルコールがふくまれた飲食物もあります。
おもなお酒と、そのアルコール度数について知っておきましょう。

「アルコール度数」ってなに？

お酒には、「アルコール度数」が表記されています。アルコール度数とは、お酒の温度が15度のときにふくまれているアルコール（エチルアルコール）の割合です。アルコール度数「10%」なら、100mL中に10mLのアルコールがふくまれています。一般的に「度」や「%」と表記され、意味はどちらも同じです。

アルコール1％以上が「お酒」

日本で「お酒」といわれるのは、アルコールが１％以上ふくまれている飲料です。お酒にはたくさんの種類があり、アルコール度数もさまざまです。

おもなお酒とアルコール度数

ビール　4〜7％

チューハイ　3〜12％

日本酒　8〜20％

焼酎　20〜45％

ワイン　9〜15％

ウイスキー　40〜43％

ウォッカ　40〜60％

依存におちいりやすいお酒、
おちいりにくいお酒なんてないんだ。
どのお酒を飲んでも
依存症のリスクがあるよ。

「度数が低いから大丈夫」はまちがい

「アルコール度数の低いお酒だから」といってたくさん飲めば、多量のアルコールをからだに入れることになってしまいます。度数の高いお酒をたくさん飲めば、より危険が増すでしょう。アルコール度数やお酒の種類に関係なく、どんなお酒でも、飲めば心身への影響があり、アルコール依存症になる可能性があるのです。

こんな飲食物に注意！

ストロング系チューハイとよばれるお酒は、飲みやすいからこその危険性があります。また、お酒の基準に達していないもののアルコールが少しだけ入っている飲料やお菓子などにも注意が必要です。

●ストロング系チューハイ

焼酎などに果汁をくわえ、炭酸飲料で割ったお酒が「チューハイ」です。しかし、「ストロング系」とよばれるチューハイには、ウォッカという、焼酎よりもアルコール度数の高いお酒が多く使われています。度数が高くても果汁や甘味料がたくさん入っているため飲みやすく、気がつかないうちに、速いペースでたくさん飲んでしまいやすいです。「飲みやすい」「安い」という特徴から、飲酒をはじめるきっかけになったり、飲みすぎて依存症につながったりする危険もあります。

> 10代の間で、大量の市販薬をストロング系チューハイで飲む、オーバードーズ（過剰摂取）が増えているよ。薬をたくさん飲むだけでも危険だけれど、アルコールによって薬の吸収が速くなって、薬の作用が強くなったり、想定外の副作用があらわれたりしてより危険な飲みかたなんだ！！

●ノンアルコール飲料

アルコールが1%未満の飲料です。つまり、商品によって0.5%程度ふくまれているなど、「アルコールがまったく入っていない」とはかぎりません。また、お酒の味に似せてつくられています。20歳未満が飲むことは法律違反ではありませんが、飲料メーカーはすすめていません。飲めばお酒への興味が強まり、20歳未満での飲酒や、将来的にはアルコール依存症につながる可能性があるため、注意が必要です。

●アルコール入りのお菓子

チョコレートなどのお菓子や、ケーキなどにも、アルコールが使われることがあります。最近では、アルコールが入ったグミも販売されています。チョコレートでは、1%以上のアルコールが入っている場合に注意書きがあります。ほかの製品でも、アルコールがふくまれていないか、パッケージの表示で確認しましょう。

気をつけて！ 危険なお酒の飲みかた

アルコールは、危険な飲みかたをすると、心とからだにあたえる影響が大きくなってしまいます。

一気飲みは危険！急性アルコール中毒ってなに？

「一気飲み」とは、一気にグラスやジョッキー杯のお酒を飲み干すことです。短時間でたくさんお酒を飲むと、体内のアルコール濃度が急激に上昇し、「でいすい期」や「こんすい期」（→10ページ）に達します。この状態が「急性アルコール中毒」で、意識を失ったり、呼吸が止まって死にいたったりすることもあります。

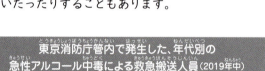

東京消防庁管内で発生した、年代別の急性アルコール中毒による救急搬送人員（2019年中）

年代	人数
20代未満	649
20代	8802
30代	2632
40代	1875
50代	1632
60代以上	2622

＊出典：東京消防庁ホームページ「急性アルコール中毒にまつわる救急活動の傾向」より。

意識がはっきりしない　でいすい期

ゆり動かしてもおきない　こんすい期

急性アルコール中毒によって救急搬送された人の人数を年代別に見ると、20代がとても多い。また、20代未満で搬送された人もいることがわかる。

大学生や社会人になって、飲み会に参加することが増えると、一気飲みのような危険な飲みかたをする機会が増えるんだ。20代未満は脳がお酒に慣れていないこともあって、急性アルコール中毒になりやすいと考えられているよ。

一気飲みは、まわりの人が無理に飲ませたり、あおったりすることもあるってニュースで見た。とても危ないことなんだね。

一気飲み以外にも危険な飲みかたがあるから気をつけて！
どんなときにお酒を飲むと危険なのかについて知っておくことが、
自分のからだを守ることになるんだ。

ケース① 薬を飲んでいるとき

薬を飲んでいるときにお酒を飲むと、薬の効果が強くなりすぎて、命にかかわるような症状があらわれることがあります。また、思わぬ副作用で体調が悪くなったり、薬の効果がなくなったりすることもあります。

ケース② エナジードリンクといっしょに

エナジードリンクとお酒をいっしょに飲むと、エナジードリンクにふくまれるカフェインのはたらきによって、脳が酔っている状態に気づけず、お酒を飲みすぎる危険性があります。アルコールもカフェインも、とりすぎると中毒になるため、注意が必要です。

ケース③ スポーツをするとき

スポーツをする前後やスポーツ中のような汗をかくときにお酒を飲むと、アルコールの利尿作用（尿の排せつをうながすはたらき）とあいまって、脱水症状をおこす可能性があり危険です。また、酔うことで判断力がにぶり、思いがけない事故をおこすことも。

ケース④ 入浴するとき

入浴する前や入浴中にお酒を飲むと、血液の循環が速くなり、酔いやすくなります。酔ったことで入浴中にねてしまっておぼれる危険も。また、飲酒後には一時的に脳や心臓への血流がへるため、脳貧血や心臓発作などでたおれる可能性もあります。

お酒の上手な断りかた

10代のうちにお酒を飲むようになると、心身に悪影響があるだけでなく、
大切な人との関係にも影響が出るかもしれません。
どうすればお酒から、自分を守れるのでしょう。

断りかたを練習しておこう

親や親せき、友だちや先輩など、親しい人からお酒をすすめられることがあるかもしれません。「自分だけは大丈夫」と思っていても、いざささそわれたら断る言葉が出てこない可能性も。そうならないために、断りかたを練習しておくことが大切です。友だちや家族と「自分ならどうするか」意見を出しあうのもいいですね。

断りかた① きっぱり断る

相手のさそい文句に対して、真っ先に「イヤだ」という気持ちを伝えましょう。好ききらいでおしきるのも効果的です。それでもしつこい場合は、その場を離れることも方法のひとつです。

断りかた② 理由を伝える

家族や親せきの集まりで、身内からお酒をすすめられることはめずらしくありません。きっぱり断ると同時に、飲みたくない理由をつけくわえると説得力が増します。

こんな場面にも気をつけよう

20歳未満のうちは、お酒を専門に提供しているお店には行かないようにしましょう。「ソフトドリンクを飲めばいい」と思っていても、まわりの人からお酒をすすめられたら断れないかもしれません。お酒をすすめられそうな場面をさけることが、自分を守ることにつながります。

● 居酒屋やバー

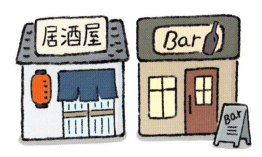

保護者や大学の先輩などにさそわれても、居酒屋やバーなどには行かないようにしましょう。行けばその場の雰囲気やノリで、断れないかもしれません。

● カラオケ

お酒のメニューがあったり、お酒を持ちこむことができたりするカラオケ店があります。人目を気にする必要がないため、「だれにもバレないから大丈夫」とすすめられることもあるかもしれません。

● デート

デートで、自分が20歳未満であることを相手に伝えていても、お酒をすすめられることがあるかもしれません。雰囲気に流されず、きっぱりと断りましょう。お酒で酔わされて、抵抗ができない状態のまま性暴力にあう、「デート・レイプ」の危険性もゼロではありません。

「飲めるけれど飲まない」がはやっている!?

イギリスやアメリカの20～30代の若者を中心に、お酒を「飲めるけれど、あえて飲まない」という「ソバーキュリアス」の人が増えています。健康的な生活を送りたいという気持ちから、お酒を飲まないようにしている人も多くなってきているようです。

「ソバー」が「お酒を飲んでいない」、「キュリアス」が「好奇心が強い」という意味。
イギリスで生まれた言葉だよ。

# これって違法？

大人がまちがった認識をもっていることもあるよ！「それは法律違反だよ」「危ないよ！」と伝えることでトラブルをふせぐことができるかも！

生活のなかで、お酒やお酒の法律について疑問に思ったことはありませんか？　ふたつの例を見て、違法になるかどうか考えてみましょう。正しい知識をもっていると、お酒から自分や身近な人を守ることにもつながります。

親から「お酒を買ってきて」といわれたけど……

毎日仕事でいそがしい母は、仕事から帰ってくるとお酒を飲みます。ある日、家にお酒のストックがなく、「コンビニで買ってきて」とお願いされました。自分が飲むわけではなく、おつかいで買うだけなら大丈夫なのでしょうか。

⚠ おつかいでも20歳未満がお酒を買うことはできない

お店で20歳未満にお酒を売ったり、提供したりすることは、法律で禁じられています。親にたのまれた「おつかい」の場合でも、お店は販売できません。20歳未満と知りながらお酒を販売したお店には、50万円以下の罰金が科されることがあります。

お酒を飲んで自転車に乗るのは違法？

父がお酒を飲んだあとに自転車に乗っていました。「車は飲酒運転をしたら違法だけど、自転車なら大丈夫」といっています。本当に自転車なら違法にならないのでしょうか？

⚠ 自転車の飲酒運転も法律違反！

自転車での飲酒運転は、車と同様に「道路交通法」という法律で禁止されています。お酒に酔い、正常に運転できない状態で運転したと判断されると、5年以下の懲役または100万円以下の罰金が科される可能性があります。親がお酒を飲んだのに運転しようとしていたら、自転車をおして歩くように伝えましょう。

20歳未満の飲酒に関する法律

20歳未満でお酒を飲むことは法律で禁止されている

　日本では、「二十歳未満ノ者ノ飲酒ノ禁止ニ関スル法律」という法律で、20歳未満の飲酒が禁止されています。日本では、2022年から成年年齢が18歳になりましたが、「飲酒・喫煙は20歳から」とこれまでどおりです。そのため、高校を卒業したからといって18～19歳でお酒を飲むことは違法です。

知っておきたい！　法律のポイント

- 20歳未満はお酒を飲んではいけない。
- 保護者や保護者の代理人は、20歳未満がお酒を飲むことを止めなければいけない。
- お酒を販売するお店や飲食店は、20歳未満にお酒を売ったり、提供したりしてはいけない。
- お酒を販売するお店や飲食店は、20歳未満ではないか年齢を確認する。
- 20歳未満がお酒を飲んでも止めない保護者や、20歳未満にお酒を売ったり提供したりしたお店には、罰金を科すことがある。

18歳になったときに、「成人したんだから」とお酒をすすめられても、断るようにしよう！

世界で異なるお酒の販売のルール

　日本では、コンビニエンスストアやスーパーマーケットなどでお酒が販売されていて、手軽に買うことができます。しかし、世界の国では、日本よりも販売の規制がきびしいことが多いです。たとえばオーストラリアでは、ボトルショップとよばれる酒屋でしかお酒が販売されていません。また、公園などの公共の場でお酒を飲むことも禁止されています。

飲酒できる年齢も、国によってちがうよ！

> 自分や家族・友だちが
アルコール依存症かもしれないと思ったら

自分や家族がアルコール依存症かもしれないと思ったら、まずは信頼できる大人に相談したり、チェックリストで依存の状態を確認したりしましょう。

信頼できる大人に相談しよう

お酒のことについて不安なときには、家族やスクールカウンセラー、養護の先生や担任の先生など、信頼できる人に相談しましょう。すぐにはお酒をやめられなくても、不安な気持ちを聞いてもらうだけで、気分が晴れることがあります。

スクールカウンセラー　親
担任の先生　養護の先生

専門の相談窓口に相談しよう

「相談できる相手がいない」という人や、家族や友だちがアルコール依存症かもしれないときには、精神保健福祉センターに相談しましょう。このセンターの職員には秘密を守る義務があり、20歳未満でお酒を飲んでいることを話しても、警察に通報されません。本名をいう必要もなく、安心して利用できます。

精神保健福祉センター
（→46ページ）

精神保健福祉センターには、アルコール依存症やお酒に関する問題など、アルコール健康障害について相談にのってくれる窓口があります。また、地域の医療機関や自助グループなど、ほかの専門機関の紹介もしてくれます。

保護者が依存症のとき、
子どもが悪いわけでも、
子どもに原因があるわけでもないよ。
自分を責めたりせずに、
まずは相談してみてほしいな。

家族がアルコール依存症になった場合、家族だけで解決することはとてもむずかしいため、できるだけ早いうちに専門機関に相談しましょう。

家族がアルコール依存症の場合

きみや家族は大丈夫?

アルコール依存症チェックリスト

★このページはコピーして使ってください。

「アルコール依存症かも……」と気づくことは、回復への第一歩につながります。
下の質問に答えて、あてはまるものの数字を足し、点数を出しましょう。

1 アルコールがふくまれる飲みものをどれくらいの頻度で飲みますか?
0:飲まない
1:1か月に1度以下
2:1か月に2~4度
3:1週間に2~3度
4:1週間に4度以上

「0:飲まない」という人は、以下のチェックは不要です。

2 飲酒するときには、どれくらいの量を飲みますか?
0:1~2ドリンク
1:3~4ドリンク
2:5~6ドリンク
3:7~9ドリンク
4:10ドリンク以上

＊純アルコール10g分を1ドリンクと数えてください。

【純アルコール量の計算方法】
お酒の量×(度数÷100)×0.8
=純アルコール量
例:ビール250mL×(5÷100)×0.8
=10g

3 一度に6ドリンク以上お酒を飲むことがどれくらいありますか?
0:ない
1:1か月に1度未満
2:1か月に1度
3:1週間に1度
4:毎日、あるいはほとんど毎日

4 過去1年間に、飲みはじめるとやめられなかったことがどれくらいありますか?
0:ない
1:1か月に1度未満
2:1か月に1度
3:1週間に1度
4:毎日、あるいはほとんど毎日

5 過去1年間に、「ふだんおこなえていたこと」が、お酒を飲んだためにできなくなったことがどれくらいありましたか?
0:ない
1:1か月に1度未満
2:1か月に1度
3:1週間に1度
4:毎日、あるいはほとんど毎日

6 過去1年間に、お酒をたくさん飲んだ翌日の朝にもお酒を飲むことがどれくらいありましたか?
0:ない
1:1か月に1度未満
2:1か月に1度
3:1週間に1度
4:毎日、あるいはほとんど毎日

7 過去1年間に、お酒を飲んだあとに、後悔したり自分を責めたりしたことがどれくらいありましたか?
0:ない
1:1か月に1度未満
2:1か月に1度
3:1週間に1度
4:毎日、あるいはほとんど毎日

8 過去1年間に、お酒を飲んだせいで、前夜のことを思い出せなかったことがどれくらいありましたか?
0:ない
1:1か月に1度未満
2:1か月に1度
3:1週間に1度
4:毎日、あるいはほとんど毎日

9 あなたがお酒を飲んだことで、あなたやまわりの人がケガをしたことがありますか?
0:ない
1:あるが、過去1年間にはない
4:過去1年間にあり

10 家族や友だち、医者が、あなたがお酒を飲むことについて心配したり、量をへらすようにいったりしたことがありますか?
0:ない
1:あるが、過去1年間にはない
4:過去1年間にあり

依存症になっていても自覚がない人もいるんだ。

点数:15以上 ▶ アルコール依存症の可能性が高いです。すぐに依存症の治療について相談しましょう。
点数:15未満 ▶ 気になることがあればカウンセリングや治療が必要か相談しましょう。

★20歳未満の人は点数が低くても、精神保健福祉センター(→46ページ)に連絡しましょう。

＊このチェックリストは、世界保健機関(WHO)が作成した「AUDIT(オーディット)」というスクリーニングテストを参考に作成したものです。

アルコール依存症の治療法

アルコール依存症からぬけ出すには、本人の意志だけではむずかしいため、専門家や医師、家族のサポートで治療をしていきます。

どこで治療するの？

地域の精神保健福祉センターや保健所に相談をして、病院を紹介してもらうほか、病院の専門外来を受診します。

健康なからだをとりもどすために、専門的な知識と経験をもつ医師のもとで治療をはじめ、最終的にはお酒をやめることをめざします。治療には、本人の「断酒をする」という意志と、まわりの人の協力が欠かせません。

どうやって治療するの？

専門機関に通院して、まずはアルコール依存症になっている本人が、依存症という病気について知って、「お酒をやめる」という意志をもつことからはじめます。次に、少しずつお酒の量をへらしたり、お酒をやめたりします。そして、アルコール依存症の再発をふせぐために、カウンセリングを受けたり、自助グループに通ったりします。

アルコール依存症は再発しやすいよ！
「自分がどんなときにお酒を飲みたくなるのか」
について知って、その状況にならないように心がけたり、
家族に協力してもらったりすることが必要なんだ。

アルコール依存症の治療ステップ

専門機関へ相談 → **導入期**
- ❶アルコール依存症について知る。
- ❷病気であるという自覚をもち、「飲酒をやめたい」という気持ちを強める。
- ❸「断酒（お酒をやめること）をする」という決意をかためる。

→ **断酒開始** → **解毒期**
- ❶断酒をはじめると、手がふるえる、ねむれなくなる、イライラするなどの身体依存による離脱症状があらわれる。離脱症状は、断酒をつづけるとおさまる。離脱症状をやわらげるために薬を飲む治療をおこなう場合もある。
- ❷離脱症状のひとつである振戦せん妄の治療をおこなう。振戦せん妄は、熱が出る、大量に汗をかく、幻覚が見えるなどの症状があらわれる。

断酒をつづけるための治療

アルコール依存症は再発しやすい病気です。一度、長期間の断酒に成功しても、またお酒を飲めば、かんたんに依存の状態にもどってしまいます。断酒をつづけるためにできることとして、依存症集団療法、個人精神療法、自助グループへの参加などがあります。

●依存症集団療法

医師や心理士、看護師が司会者になって、専門のワークブック（問題集）を読みながら、お酒が飲みたくなる気持ちが高まりやすい危険な場面をふり返り、そのような場面を乗りこえるための工夫やテクニックについて学びます。

●個人精神療法

専門医とふたりでカウンセリング（医師と依存症患者が話すことで精神的な支援をすること）をおこないます。依存症集団療法では話すことができないような個人的な問題について、医師と一対一で深く話し合い、考えることができます。

●自助グループへの参加

自助グループとは、同じような問題をかかえる人たちが集まっておたがいに助けあう集まりのことです。自分の体験談を話し、ほかの人の体験談を聞くことで自分自身を見つめ直します。また、同じ病気の仲間ができることが、断酒をつづけるための精神的な支えになります。

アルコール依存症の自助グループの例
- アルコホーリクス・アノニマス（AA）
- 公益社団法人全日本断酒連盟
- アラノン家族グループ（Al-Anon）

リハビリテーション前期
1. 離脱症状がおさまったら、飲酒に対する考えかたや行動について見直すために、依存症集団療法や個人精神療法などを受け、精神依存の治療をおこなう。
2. アルコール依存症についての正しい知識を学び、お酒を飲むことでどんな問題がおきていたかを知る。
3. アルコール依存症になる前の生活をとりもどせるようにリハビリテーション（回復するための訓練）をおこなう。

リハビリテーション後期
1. 依存症集団療法などで、ふたたびお酒を飲んでしまったときの対処法や、飲まないようにするための予防法について学ぶ。
2. 断酒をつづけられるように、お酒を飲む原因となった問題への対処法やストレスをへらす方法を学び、実行する。
3. 通院や自助グループへの参加をおこない、断酒をつづけながら、家族関係の回復や生活の安定をめざす。

→ 断酒をつづける

20歳以上になったら
お酒との上手なつきあいかた

20歳になったらお酒を飲むことができます。自分の心やからだの健康を守りながら、お酒と上手につきあえるように、今からできることを確認しておきましょう。

自分の体質に合ったお酒の飲みかたを心がけよう

将来、みなさんもお酒を飲む機会があるかもしれません。お酒に強いか弱いかは、体重や年齢、生まれつきの体質によって変わります。「自分の適量」を知って安全に楽しむようにしましょう。また、お酒に強く、たくさん飲める人のほうが、アルコール依存症へのリスクは高まります。強い人は依存症に気をつけること、弱い人は無理して飲まないことを心がけましょう。

強い体質の人　　弱い体質の人

パッチテストで自分の体質を知ろう

お酒に強いか、弱いか、まったく飲めないかについては、「パッチテスト」で知ることができます。肌にアルコール成分がついたパッチをはり、肌の色の変化でアルコールを分解しやすい体質かどうかがわかるのが「パッチテスト」です。病院で受けることができますが、専用のパッチを購入すれば、家で確認することもできます。将来、お酒が飲めるようになったら、自分の体質に合わせた飲みかたをして、自分の健康を守りましょう。

アルコール体質試験パッチ

うでの内側にパッチをはる。

20分ほどたったら、肌の色を確認する。

協力：ライフケア技研株式会社

女性はアルコールに弱いの？

女性は男性とくらべると、アルコールの影響を受けやすいと考えられています。男性よりも肝臓が小さく、体内の水分量も少ないことから、アルコールを分解するのに時間がかかり、少量のお酒でも血中のアルコール濃度が高くなりやすいためです。

また、妊娠中や授乳期にお酒を飲むと、赤ちゃんに悪影響があるため、飲まないようにしましょう。

一日の適度な純アルコール量
女性　約10〜13g
男性　約20g

たとえば……
缶チューハイ
（アルコール7％）
なら、180mLで
純アルコール量は、
約10.08g。

※純アルコール量の計算方法は23ページを確認してください。

楽しくお酒を飲むためにはどんな工夫ができるのかな？
将来、お酒を飲むときのために知っておこう！

ケース① 料理といっしょに

料理を食べながらお酒を飲むと、血中のアルコール濃度が上がる速度をおさえることができます。また、栄養のバランスがとれた料理を食べながらお酒を飲むことで、胃腸や肝臓への影響も少なくなります。

肝臓のはたらきを助ける食べもの

チーズ／青魚／豆腐／しじみ

ケース② 楽しく飲む

ストレス発散のためにお酒を飲むと、コントロールがきかなくなって飲みすぎることがあり、危険です。リラックスして会話や食事をしたいときにお酒を飲むと、楽しく過ごすことができ、飲みすぎをふせぐことにもつながります。

ケース③ 飲まない日をつくる

1週間に1日以上は、お酒を飲まない日をつくりましょう。毎日お酒を飲みつづければ、どんなにお酒に強い人でも依存症になるリスクが高まります。

知っておこう！　酔いつぶれた人の助けかた

まわりの人が、酔って体調が悪くなっていたら、洋服などをゆるめてからだを楽にしたり、横向きでねかせたりしましょう。吐きそうになったら、横向きのままで吐かせて、吐いたものがのどにつまらないように注意します。酔っている人をひとりにはせず、危険だと感じたら救急車をよびましょう。

こんなときには救急車をよんで！

- 名前をよんだり、つねったりしても反応しない。
- からだ全体がとても冷たい。
- ゆっくりと深い呼吸で息が途切れる、または浅くて速い呼吸をしている。
- 口からあわをふいている、または血を吐いた。

2章 ニコチン依存症ってなに？

軽い気持ちで吸いはじめたら依存症に……

身近にある！ 喫煙のきっかけ

まわりの大人や友だちのさそい、好奇心など、喫煙のきっかけはさまざまです。
身近にひそんでいる喫煙のきっかけをいくつか見てみましょう。

CASE 1

▶ Eさん
▶ 中学2年生

友だちともっと仲よくなりたい気持ちから断れずに……

クラスの友だちと何人かで遊ぶことになったとき、ひとりがたばこを出して、「吸ってみよう」といいました。仲よくなったばかりだったので関係が悪くなるのがイヤで、「1本だけ」という気持ちで吸いました。友だちとは仲よくなれましたが、遊ぶたびに吸うようになって、今ではやめられなくなりました。

CASE 2

▶ Fさん
▶ 高校1年生

吸うだけでやせられると聞いて……

夏休みに友だちと海に行くことになり、その前に、やせたいと思うようになりました。友だちから、「たばこを吸うとやせるよ！」と聞き、さっそく吸ってみることに。おいしくありませんでしたが、がまんして吸っているうちに食欲がなくなり、たしかに体重はへりました。でも、肌があれてやつれたような感じになり、イメージしていた「やせる」とはちがいました。からだに悪いことを実感したのでやめたいです。

CASE 3

▶Gさん
▶高校3年生

ストレス解消になるという ネットの情報を見て……

受験をひかえて、あせっていた夏休み。模擬試験も結果が悪くて、親から「もっとまじめに勉強しなさい」っていわれる毎日。がんばっているのに……。そんなときSNSで、「たばこはストレス解消になる」という情報を目にしたんです。試しに1本吸って、慣れるまで何度も試しているうちに、勉強前のルーティーンになりました。ストレス解消のためだったはずが、今では吸わないと勉強に集中できません。からだに悪いのはわかっているので、受験が終わったらやめたいです。

CASE 4

▶Hさん
▶中学3年生

父がよく吸っているので 抵抗なく吸えた

父はヘビースモーカーで、よく家のベランダでたばこを吸い、けむりが家に入ってきて母に怒られています。「たばこを吸うと集中できて仕事がはかどるし、気分がスッキリする」といいます。ぼくの勉強もはかどるかな？　という好奇心で、父のたばこをかくれて吸ってみました。小さいころからけむりを吸っていたためか、たばこには抵抗がありませんでした。おいしいとは思わないけれど、これで勉強に集中できるならありかも、と思います。

たばこは、一度吸いはじめるとやめにくいよ。身近に吸う人がいると、けむりに慣れてしまうから、気をつけて！

たばこによる心身への害

たばこを吸うと、心やからだにさまざまな影響があります。くわしく知っておくと「たばこを吸ってみたい」という好奇心にブレーキをかけられるかもしれません。

たばこのけむりの有害物質がからだに悪影響をあたえる

たばこのけむりには、からだに有害な物質が200種類以上、そのうち発がん性物質は約70種類もふくまれています。なかでもニコチンは依存性がとても高いため、たばこをやめられなくなる可能性があります。また、タールや一酸化炭素などもふくまれています。

たばこを吸うと、かみの毛や服にたばこのにおいがつくよ。そのにおいの原因のひとつが、タールなんだ！「ヤニ」ともよばれていて、一度においがつくとなかなかとれないよ。

たばこの三大有害物質

●ニコチン
少量だと脳のはたらきを活発にして目が覚めるような興奮作用がある。一方で、多量だと脳のはたらきをおさえて、イライラや興奮がへるような鎮静作用がある。また、血管を収縮させ、長期的には動脈硬化をうながす作用もある。

●タール
さまざまな発がん性物質がふくまれているため、がんの原因になる。また、肺などの臓器に付着して、はたらきを悪くする。

●一酸化炭素
血液のはたらきを悪くするため、からだのすみずみに酸素が運ばれにくくなる。脳に酸素が十分届かなくなると、集中力や思考力が下がる危険性がある。

20歳未満だと影響が大きい

20歳未満の、からだが急速に成長する時期にたばこを吸うと、20歳以上の人よりもからだへの影響が大きくあらわれます。また、成長ホルモンの出る量がへるため、骨や筋肉などの発達をさまたげる可能性もあります。

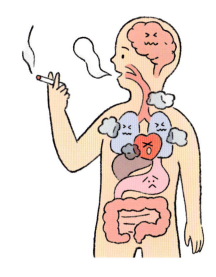

肺などの呼吸器への悪影響

たばこは、からだのさまざまな場所に影響をあたえますが、とくに肺など呼吸器への悪影響が大きいです。たとえば、けむりの有害物質が肺の細胞をこわし、「COPD（慢性閉塞性肺疾患）」にかかると正常な呼吸がむずかしくなる場合があります。肺の細胞がこわれると、肺がんになる危険性も高まります。

そのほかの悪影響

たばこの有害物質は、肺から血液に入って全身に広がるため、肺など呼吸器の病気だけでなく、からだ全体に悪影響をあたえます。

たとえば、血液の流れが悪くなることで、脳や心臓に負担がかかり、脳卒中や心筋梗塞という病気になる可能性があります。

また、たばこの有害物質はからだのなかのビタミンCをこわし、コラーゲンがうまくつくられなくなります。コラーゲンがへると、肌があれてしみができやすくなったり、歯ぐきの老化が早まったりします。

たばこを長期間吸いつづけると、ニコチン依存症という病気になることもあるんだ。次のページを見てみよう！

妊婦さんが吸うと赤ちゃんにも影響がある

妊婦さんがたばこを吸うと、流産や早産のリスクが高くなることがわかっています。また、おなかの赤ちゃんの成長をさまたげることになるため、体重が少ない状態で出産することになる場合もあります。

33

ニコチン依存症ってなに？

「たばこはからだに悪い」とわかっていて、「やめたいのにやめられない」という状態になってしまったら「ニコチン依存症」かもしれません。

どうして依存するの？

たばこを吸うと、ニコチンはほんの数秒で脳へ届きます。「気持ちいい」「また吸いたい」と思わせる犯人です。

そして、たばこのこわいところは、「一度吸いはじめると、やめにくい」ことです。やめにくいのは、ニコチンが麻薬と同じくらい強い依存性をもっているからです。その強い依存性により、だれもが依存症になる可能性があります。

ニコチン依存症になるしくみ

① たばこを吸うとニコチンが脳へ届き、脳からドーパミンが出て、快感を得られる。

② 脳のはたらきが活発になり、元気が出て、目が覚める。

③ 時間がたつとニコチンの作用がなくなり、たばこを吸う前よりもつかれを感じる。

④ 「また、たばこを吸いたい」と思い、①から③をくり返して、たばこがやめられなくなり、依存症になる。

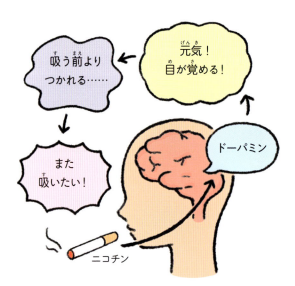

たばこを吸うのをやめるとイライラしたり、集中できないと感じたりしたら、ニコチンに依存している状態なんだ！

ニコチン依存症になりやすくなる要因

　身近な人がたばこを吸っている姿を見ると、たばこに興味をもちやすくなります。知らないうちに受動喫煙（→36ページ）をしている場合には、けむりにも慣れているため、まわりからすすめられて吸いはじめると、そのまま依存症につながるケースがあります。

　また、ニコチン依存症の調査では、たばこを吸いはじめた年齢が若いほど、依存度が高くなると報告されています。スタートが早ければ早いほど、喫煙年数が長くなり、喫煙量が多くなって禁煙が成功しづらくなります。

脳やからだが発育中の20歳未満の人がニコチンに依存するのにかかる期間は、たばこを吸いはじめてから、ほんの数週間から数か月といわれているんだ。

20歳未満でたばこを吸うと、大人になってから吸うよりもからだに悪いし、依存症にもなりやすいってことだね。

急性ニコチン中毒ってなに？

　たばこや、ニコチンがふくまれている商品をあやまって口にしたことにより、めまい、下痢、腹痛などの症状がおこることを「急性ニコチン中毒」といいます。重症になると、意識障害、けいれんなどが見られるので注意が必要です。幼い子どもがまちがって、保護者が吸ったあとのたばこの吸いがらを食べ、急性ニコチン中毒になる事故もおきています。

まわりの人も危険！ 受動喫煙ってなに？

「自分はたばこを吸っていないから大丈夫」と思っていませんか？
たばこのけむりは気づかないうちに、からだへ入りこんでいる可能性があります。

受動喫煙とは

　たばこを吸っている人の近くにいる人が、けむりを吸ってしまうことを受動喫煙といいます。たばこのけむりが消えたと思っても、成分は空気中にただよっていて、なかなか消えるものではありません。たばこを吸っている人が自分の近くからいなくなっても、「たばこのにおいがする」と思ったら、もう受動喫煙をしています。健康への影響は、頭痛、ぜんそく、目のかゆみ、くしゃみ、せきの症状があらわれるなどさまざまです。

自分で吸わなくても危険！ 副流煙

　たばこを吸っている人が、たばこから直接吸いこむけむりを「主流煙」、たばこの先から立ち上るけむりを「副流煙」といいます。たばこは、主流煙よりも副流煙に有害物質が多くふくまれています。そのため、まわりの人の健康にも害をあたえるのです。副流煙には、ニコチン、タール、一酸化炭素のほか、アンモニアといった刺激物も入っているので「けむりが目にしみる」という現象がおきます。

どうして副流煙のほうが危険なの？

主流煙
たばこのけむりを吸いこんでいるとき、たばこの先端の温度はとても高くなり、有害物質の多くが熱で分解され、からだへの害をおさえることができる。さらに、たばこについているフィルターを通すことで、からだに入る有害物質の量がへる。

副流煙
副流煙は、たばこのけむりを吸いこんでいないときに出ているけむりのこと。このけむりが出ているときの先端の温度は、けむりを吸いこんでいるときよりも低く、有害物質が分解されない。そしてフィルターも通さないため、有害物質をたくさんふくんだけむりがそのまま外に出ていく。

有害物質の量
ニコチン ⇒ 主流煙の2.8倍
タール ⇒ 主流煙の3.4倍
一酸化炭素 ⇒ 主流煙の4.7倍

受動喫煙をさけるにはどうしたらいいの？

　喫煙所や喫煙できるお店には行かないようにしましょう。たばこを吸う人にさそわれたら、断る姿勢を見せられるとよいですね。もし、喫煙できるお店に行く場合でも、禁煙席を選ぶようにしましょう。

　家族など身近にたばこを吸う人がいる場合は、たばこを吸っている最中や吸い終わった直後にはそばに寄らないようにしましょう。

「たばこのにおいがする」と思ったらその場から離れたり、窓を開けて空気を入れかえたりしよう！

ぼくもお父さんに「家族の健康のために、吸わないで」っていってみようかな……。

受動喫煙をふせぐための社会でのとりくみ

　日本では、健康増進法が一部改正され、受動喫煙をふせぐためのルールが決められました。2020年4月からは、飲食店、商業施設、ホテルの共有エリアなど、多くの人が集まる場所は原則として禁煙となりました。屋内でたばこを吸えるようにするには、お店や施設が喫煙室を設置する必要があります。また、たばこを吸える場所には掲示がされ、20歳未満は立ち入ることができません。

禁煙の掲示例

喫煙専用室の掲示例

＊出典：厚生労働省「なくそう！ 望まない受動喫煙」ホームページ
（https://jyudokitsuen.mhlw.go.jp/）より。

たばこには、どんな種類があるの？

たばこといえば、たばこの葉を火で燃やす紙たばこが一般的でしたが、近年、火をつけない、たばこの葉を使わないなど、さまざまな種類の商品が売られています。

新しいタイプのたばこがつくられている

ひとことで「たばこ」といっても、たくさんの種類があります。なかでも代表的なのが、ここで紹介している3種類です。一般的な紙たばこ以外の、加熱式たばこと電子たばこは、まとめて「新型たばこ」とよばれることもあります。それぞれの特徴を見てみましょう。

見た目がかっこよかったりかわいかったりするたばこもあるけれど、からだに悪影響があることには変わりないんだ。

●紙たばこ

刻んだたばこの葉を、紙で巻いたもの。日本では、たばこといえば紙たばこをさすことがほとんどです。火をつけて、けむりを吸います。フィルターがついているタイプと、ついていないタイプがあります。

なかがフィルターになっているものが多い。

●加熱式たばこ

たばこの葉を使用しますが、火をつけるのではなく、加熱することで発生する蒸気を吸います。たばこのけむり特有のにおいがせず、灰も出ません。紙たばこよりも吸いやすいですが、ニコチンやタールがふくまれていることに変わりはないため、紙たばこよりも依存症につながりやすいといえるかもしれません。

加熱式たばこから出る蒸気も有害だよ。まわりの人が、受動喫煙（→36ページ）する可能性についても考えてみて。

- ●電子たばこ

　たばこの葉を使用せず、香料などをふくんだ液体を加熱させて発生する蒸気を吸います。日本では、液体にニコチンをふくまないものが一般的です。加熱式たばこと同様、紙たばこより吸いやすいため、喫煙のきっかけになりやすく注意が必要です。

　また、電子たばこにはニコチンがふくまれていないものの、アレルギーの原因となるホルムアルデヒドなどの有害物質が蒸気にふくまれているため、健康に害をあたえます。

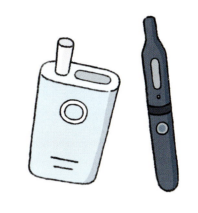

ニコチンやタールゼロの ポケットサイズの「シーシャ」は 大丈夫？

　「シーシャ」とは、水パイプを使って吸う「水たばこ」のことですが、ポケットサイズの手持ちシーシャは、さまざまな香りを楽しめる電子たばこの一種です。20歳以上の人が使用することを想定してつくられている商品ですが、ニコチンやタールはふくまれておらず、10代でも吸うことができます。ただし、たばこに興味をもち、喫煙をはじめるきっかけになる危険性があります。

低ニコチン・低タールたばこってなに？

　「低ニコチン・低タールたばこ」の商品名には、「ライト」などの名称がつくことが多いです。ニコチンやタールの量は少ないですが、健康への影響が軽いわけではありません。「ものたりない」と、喫煙本数を増やしたり、けむりをより深く吸いこんだりして、結果的に有害物質を多く吸ってしまう危険性があります。

これって違法？

身近な人がまちがった認識をもっていたら、法律違反だと伝えたり、信頼できるほかの大人に相談したりしよう。

たばこにまつわるトラブルは、身近な生活のなかにひそんでいます。ふたつの例を見て、違法になるかどうか考えてみましょう。正しい知識を身につけることで、トラブルにまきこまれるのをふせぐことができます。

 親から「たばこを買ってきて」といわれたけど……

父は喫煙者で、1日に何本もたばこを吸います。ある日、塾が終わったあとに父から連絡があり、「帰りにコンビニでたばこを買ってきて」とお願いされました。自分が吸うわけではなく、おつかいで買うだけなら大丈夫でしょうか。

▼

⚠️ **おつかいでも20歳未満の人がたばこを買うことはできない**

20歳未満と知っているお客さんに対し、お店がたばこを売ることは法律で禁止されています。違反をすると、50万円以下の罰金が科される場合があります。そのため、お客さんに身分証明書の提示を求めたり、「20歳以上です」というタッチパネルをおしてもらったりすることで、お店側も防止に努めています。

 たばこを持っているだけでも罪に問われるの？

お母さんのバッグを借りて友だちと遊びに行ったとき、バッグからお母さんのたばことライターが出てきました。「警察に見つかったらヤバくない？」と友だちにいわれてあせりましたが、たばこを吸わなくても、持っているだけで違法なのでしょうか。

▼

⚠️ **持っているだけでも補導の対象に**

20歳未満がたばこやライターを持っていても、罪にはなりません。ただし補導の対象になることもあります。場合によっては、親に連絡され、たばこやライターを没収されることも。もし、親が子どもの喫煙を見すごせば罪に問われ、罰金が科される可能性があります。

20歳未満の喫煙に関する法律

20歳未満でたばこを吸うことは法律で禁止されている

　20歳未満の喫煙は、成長期の心とからだに影響があるため「二十歳未満ノ者ノ喫煙ノ禁止ニ関スル法律」という法律で禁止されています。2022年の4月1日に成年年齢が18歳に引き下げられたことを受け、「未成年者喫煙禁止法」という名称から変更されました。成年年齢が18歳になったとはいえ、喫煙が認められる年齢は20歳からのままです。

知っておきたい！　法律のポイント

- 20歳未満はたばこを吸ってはいけない。
- 20歳未満はたばこを買ってはいけない。
- 20歳未満が喫煙しているのを止めなかった保護者や保護者の代理人には、罰金を科すことがある。
- 20歳未満にたばこ、または喫煙器具を売らないように、お店は年齢を確認するなどの努力をしなくてはいけない。
- 20歳未満だと知って、たばこを売ったお店には、50万円以下の罰金を科すことがある。

たとえ法律上で問題がなくても、もし20歳になってたばこを吸うことがあったら、20歳未満の人がいる空間では吸わないようにすることも覚えていてほしいな。

20歳になってたばこを吸うとしても、ルールやマナーを守ることが大切なんだね。

20歳以上の人が喫煙禁止の場所でたばこを吸ったらどうなる？

　20歳以上の人を対象にした、たばこに関する法律もあります。たとえば、喫煙が禁止されている場所でたばこを吸った場合は、健康増進法により、30万円以下の罰金が科される可能性があります。

自分や家族・友だちが ニコチン依存症かもしれないと思ったら

自分や家族がニコチン依存症かもしれないと思ったら、まずは信頼できる大人に相談したり、チェックリストで依存の状態を確認したりしましょう。

信頼できる大人に相談して専門の相談窓口へ連絡を

自分がニコチン依存症かもしれないときには、スクールカウンセラーや養護の先生、担任の先生など、信頼できる大人に相談しましょう。

「身近な人には知られたくない」「相談できる相手がいない」という人や、まわりの人がニコチン依存症かもしれないという人は、精神保健福祉センター（→46ページ）に相談しましょう。

養護の先生
スクールカウンセラー
担任の先生

相談する相手は、話をしっかり聞いてくれるか、上から目線で、頭ごなしに怒らないか、といったことを基準に選ぼう。自分にとって信頼できる人を選ぶことが大切だよ！

おもな相談先

●**精神保健福祉センター**
精神保健福祉センターでは、依存症の専門家に相談をすることができます。必要に応じて、地域の医療機関や専門機関の紹介をしてくれます。

●**一般社団法人日本禁煙学会**
日本禁煙学会（→46ページ）には「きんえん電話相談室」という相談窓口があります。禁煙支援のプロが、相談内容や健康状態に合わせて、近くの禁煙外来を紹介してくれます。

●**禁煙外来**※
禁煙外来とは、たばこをやめたい人やニコチン依存症の治療をおこないたい人のための専門の医療機関です。家の近くに禁煙外来のある病院がないか調べて連絡しましょう。必要に応じて治療を受けることができます。子どもを対象にした「卒煙外来」や「小児禁煙外来」がある病院もあります。

●**内科などのかかりつけ医**※
かぜをひいたときに行く病院など、自分がよく行く病院がある場合には、その病院の医師に相談するのもよいでしょう。まずは相談することが大切なため、自分のことを話しやすい相手を選びましょう。内科や心療内科、婦人科などでも禁煙治療をおこなっている場合があります。

※禁煙外来や内科などで禁煙の治療を受ける場合、18歳未満の人は、家族や保護者のつきそいと治療への同意が必要になります。

ニコチン依存症チェックリスト

きみや家族は大丈夫？

★このページはコピーして使ってください。

「ニコチン依存症かも……」と気づくことは、回復への第一歩につながります。
自分やまわりの大人があてはまるかどうか、チェックしましょう。

- ☐ 自分が吸うつもりだった本数よりも、とても多くたばこを吸ってしまうことがありましたか？
- ☐ たばこをやめたり、本数をへらしたりしようと試みて、できなかったことがありましたか？
- ☐ たばこをやめたり、本数をへらそうとしたりしたときに、たばこがほしくてほしくてたまらなくなることがありましたか？
- ☐ たばこをやめたり、本数をへらしたりしたときに、次のどれかがありましたか？
  - ● イライラする
  - ● 神経質になる
  - ● 落ちつかない
  - ● 集中しにくい
  - ● 気分が落ちこむ
  - ● 頭痛がする
  - ● ねむ気がする
  - ● 胃のむかつきがある
  - ● 脈がおそい
  - ● 手がふるえる
  - ● 食欲または体重が増加した
- ☐ ひとつ前の質問であてはまった症状を消すために、またたばこを吸いはじめることがありましたか？
- ☐ 重い病気にかかったときに、たばこはよくないとわかっているのに吸うことがありましたか？
- ☐ たばこが原因で自分に健康問題がおきているとわかっていても、吸うことがありましたか？
- ☐ たばこが原因で自分に精神的問題※がおきているとわかっていても、吸うことがありましたか？
- ☐ 自分はたばこに依存していると感じることがありましたか？
- ☐ たばこが吸えないような場面や仕事、つきあいをさけることが何度かありましたか？

※たばこをやめたり、本数をへらしたりしたときにあらわれる離脱症状ではなく、たばこを吸うことによって、神経質になったり不安になったりするなどの症状が出ている状態。

依存症になっていても自覚がない人もいるんだ。

チェック数：5つ以上 ▶ ニコチン依存症の可能性が高いです。すぐに禁煙外来などの医療機関に連絡し、からだや心のことを相談しましょう。

チェック数：5つ未満 ▶ 少しでも気になることや悩みがあれば、精神保健福祉センター（→46ページ）に連絡しましょう。

＊このチェックリストはニコチン依存症スクリーニングテスト「TDS（Tobacco Dependence Screener）」を参考に作成したものです。

ニコチン依存症の治療法

ニコチン依存症からぬけ出すことは、本人の意志だけではむずかしいため、
医師や家族のサポートで治療をしていきます。

どうやって治療するの？

禁煙外来などのある病院に行き、ニコチンへの依存度などを診断して、依存度に合わせた方法で禁煙をはじめます。多くの場合、20歳未満の人は、カウンセリングなどの心理的な治療をおこないます。

禁煙治療を受けるには

禁煙治療を受けるためには、本人が「禁煙をする」という意志をもっていることや、ニコチン依存症スクリーニングテストでニコチン依存症だと診断されることなど、いくつかの条件が必要です。

ふたつの依存を乗りこえる

ニコチン依存症は、身体依存と精神依存の両方に対処することが大切です。身体依存は、ニコチンによる脳への影響によっておきる依存で、離脱症状などがあらわれます。精神依存は、「たばこを吸いたい」という強い欲求を感じて、たばこを吸うことが食事と同じくらい習慣になっている状態のことをいいます。

ニコチン依存症の治療ステップ

禁煙外来へ相談 → **依存度や健康状態の確認**
❶ どのくらいニコチンに依存しているか、診断をおこなう。
❷ 呼気一酸化炭素濃度検査をおこなう。呼気一酸化炭素濃度検査では、吐く息を調べて、たばこによって一酸化炭素がどれくらいからだのなかにとりこまれているかを知ることができる。

→ **禁煙開始** →

身体依存への治療
禁煙をはじめると、イライラや頭痛などの離脱症状があらわれる。離脱症状は禁煙をつづけることでおさまる。離脱症状をやわらげるために、薬を飲む治療をおこなう場合も。

精神依存への治療
❶ 自分がどんなときにたばこを吸いたくなるのかについて知り、行動を変える方法を学び、実行する。
❷ たばこに対するまちがった思いこみを捨てるためにカウンセリングなどをおこなう。

自分で禁煙するときのポイント

「どうしても病院での治療はイヤ」という人は、自己管理をするために、たばこ以外に気持ちを向けるようにするとよいでしょう。深呼吸をする、ガムをかむ、からだを動かす、趣味を見つけて楽しむ、音楽を聞くなど、自分にできることからはじめましょう。

禁煙をつづけると健康リスクがへる

禁煙をつづけると、からだへの悪影響（→32〜33ページ）がへり、病気が治ったり、新たに病気にかかるリスクがへったりします。

たとえば、12時間ほど禁煙をしただけでも、血液中の一酸化炭素の濃度が正常な状態にもどります。10年間、禁煙できると、肺がんによって命を落とすリスクが半減することもわかっています。

> たばこを吸うと、ほかの薬物を使うことへのハードルが下がってしまう場合があるよ。口からけむりを吸うタイプの覚醒剤や大麻もあるからね。
>
> たばこを吸わないようにすることは、ほかの薬物の使用をふせぐことにもつながるんだ！

> 禁煙って、12時間しただけで効果があるんだね！

通院して禁煙をつづける

❶ 医師の指示のもと病院に通い、禁煙がつづけられているかどうかや、離脱症状の状態を確認する。

❷ 本人の状態に合わせて、ふたたび呼気一酸化炭素濃度検査をおこなったり、カウンセリングをつづけたりする。合計で12週間ほどを目安に通院する。

禁煙をつづける

喫煙の再開をふせぐアプリ

スマートフォンやタブレットの禁煙治療用アプリを利用した治療法で、喫煙の再開をふせぐサポートをする病院もある。禁煙治療用アプリを使うと、病院で処方された一酸化炭素濃度測定器（モバイルCOチェッカー）の測定結果が自動で記録される。また、たばこが吸いたくなったときに「ナースコール」のボタンをタップすると、自動応答のチャットでアドバイスをもらえるアプリもある。

相談先一覧

もしかしたら自分は依存症かもしれない、あるいは家族や友だちが依存症かもしれない場合は、なんらかの悩みや苦しい気持ちをかかえながら毎日を過ごしているはずです。ここで紹介している「相談先一覧」を見ながら、自分の状況に合わせて相談してみてください。

依存症の可能性がある場合

精神保健福祉センター

各都道府県および政令指定都市にあります。地域によって「こころの健康センター」など名称がちがう場合も。心の相談全般をあつかっており、相談料は無料。本人でなくても家族が相談することもできますし、地域の支援情報も得ることができます。ネットで「全国の精神保健福祉センター 厚生労働省」と検索すると、全国のセンターの住所と電話番号が調べられます。地域によって活動内容が異なるため、サイトや電話で、相談したい内容をあつかっているか事前に確認しておくとよいでしょう。

依存症対策全国センター

薬物、アルコール、ギャンブルといった依存症の支援体制の充実をめざす機関です。サイトで全国の相談窓口と医療機関を検索できます。アルコール健康障害の相談や電話相談ができるかどうか、外国語に対応できるかなど、細かく検索することができます。

一般社団法人日本禁煙学会

「きんえん電話相談室」という相談窓口で、喫煙の期間や健康面でどんな問題をかかえているかなどを伝えると、地域の禁煙外来を紹介してくれます。また、サイトには、全国の禁煙外来や禁煙クリニックの一覧があり、ニコチン依存症の治療をおこなえる病院を自分で探すこともできます。

> もしきみが飲酒や喫煙をしていて悩んでいる場合は、住んでいる地域の「精神保健福祉センター」に連絡しよう。秘密を守ってくれるよ。

まずは相談したい場合

厚生労働省サイト「こころもメンテしよう」

厚生労働省による、心身の健康や病気にまつわる子どもたちや若者に向けたサイトです。10代、20代の心の病気の紹介や治療法についての知識が得られるほか、困ったときの相談先の紹介などもあります。

スクールカウンセラー

全国の中学校の約75％に、心の専門家であるスクールカウンセラーがいます。通っている学校にスクールカウンセラーがいる場合は、かかえている悩みを相談してみましょう。

相談窓口「チャイルドライン」

18歳までの子どものための相談窓口です。依存症にかぎらず、どんな話でも聞いてくれます。フリーダイヤル、またはオンラインチャットで相談できます。秘密を守ってくれ、名前を名乗らなくてもよいです。
電話番号：☎0120-99-7777
※毎日午後4時〜午後9時（年末年始はお休み）
オンラインチャット用URL：https://childline.or.jp/chat

> 依存症は必要な治療や助けを得られることで解決可能な問題でもあるよ。すぐには解決できないかもしれないけれど、まずは相談することが依存からぬけ出す一歩になるんだ。

さくいん

あ

アセトアルデヒド……10

アルコール依存症……5、8、11、12-13、14-15、22-23、24-25、26

アルコール入りのお菓子……15

アルコール度数……14-15

依存症集団療法……25

一気飲み……9、16-17

一酸化炭素……32、36、44-45

一般社団法人日本禁煙学会……42、46

飲酒運転……20

エナジードリンク……17

オーバードーズ……15

か

カウンセリング……23、24-25、44-45

加熱式たばこ……38-39

カフェイン……17

紙たばこ……38-39

急性アルコール中毒……7、16

急性ニコチン中毒……35

禁煙外来……29、42-43、44、46

禁煙治療……42、44

禁煙治療用アプリ……45

健康増進法……37、41

呼気一酸化炭素濃度検査……44-45

個人精神療法……25

さ

シーシャ……39

自助グループ……22、24-25

受動喫煙……35、36-37、38

主流煙……36

身体依存……12、24、44

ストロング系チューハイ……9、15

精神依存……12、25、44

精神保健福祉センター……22-23、24、42-43、46

ソバーキュリアス……19

た

タール……32、36、38-39

断酒……24-25

低ニコチン・低タール……39

デート・レイプ……19

電子たばこ……38-39

道路交通法……20

な

ニコチン依存症……28-29、33、34-35、42-43、44、46

ノンアルコール飲料……15

は

二十歳未満ノ者ノ飲酒ノ禁止ニ関スル法律……21

二十歳未満ノ者ノ喫煙ノ禁止ニ関スル法律……41

パッチテスト……26

副作用……15、17

副流煙……36

ら

離脱症状……12、24-25、43、44-45

47

監修

<ruby>松<rt>まつ</rt></ruby><ruby>本<rt>もと</rt></ruby><ruby>俊<rt>とし</rt></ruby><ruby>彦<rt>ひこ</rt></ruby>

松本俊彦

国立研究開発法人 国立精神・神経医療研究センター
精神保健研究所 薬物依存研究部 部長
同センター病院 薬物依存症センター センター長

1993年佐賀医科大学卒業。横浜市立大学医学部附属病院にて初期臨床研修終了後、国立横浜病院精神科、神奈川県立精神医療センター、横浜市立大学医学部附属病院精神科、国立精神・神経センター精神保健研究所司法精神医学研究部室長、同 自殺予防総合対策センター副センター長などを経て、2015年より現職。2017年より国立精神・神経医療研究センター病院薬物依存症センター センター長を兼務。日本社会精神医学会理事、日本アルコール・アディクション医学会理事。
著書に、『自分を傷つけずにはいられない　自傷から回復するためのヒント』（講談社）、『薬物依存症』（筑摩書房）、『誰がために医師はいる　クスリとヒトの現代論』（みすず書房）、『世界一やさしい依存症入門』（河出書房新社）などがある。

編集制作：株式会社KANADEL
編集協力：内藤綾子
装丁・本文デザイン：高橋里佳（有限会社ザップ）
マンガ：ころりよ
キャラクター：石井里果
本文イラスト：いしやま暁子・ヤマネ アヤ（p11：人体イラスト）
校正：荒井 藍、澤田 裕
協力：ライフケア技研株式会社　電話（お客様相談室）076-411-0203

10代からのヘルスリテラシー　お酒・たばこ

2024年10月25日　第1刷発行　　NDC498

監　修　　松本　俊彦
発行者　　中川　進
発行所　　株式会社大月書店
　　　　　〒113-0033 東京都文京区本郷2-27-16
　　　　　電話(代表)03-3813-4651　FAX 03-3813-4656
　　　　　振替00130-7-16387　http://www.otsukishoten.co.jp/
印　刷　　精興社
製　本　　ブロケード

© Toshihiko Matsumoto, Otsuki Shoten Co., Ltd. 2024
本書の内容の一部あるいは全部を無断で複写複製（コピー）することは法律で認められた場合を除き、著作者および出版社の権利の侵害となりますので、その場合にはあらかじめ小社あて許諾を求めてください
ISBN978-4-272-40757-6　C8337　Printed in Japan

10代からの ヘルスリテラシー

全4巻

- 薬物
- お酒・たばこ
- スマホ・ゲーム
- ダイエット・摂食障害